J. VAN DEN HEUVEL

Ministre d'État
Professeur à l'Université de Louvain

Réorganisation légale

DU

Culte catholique en France

BRUXELLES
Librairie **ALBERT DEWIT**
53, rue Royale, 53

PARIS
Librairie **H. OUDIN**
24, rue de Condé, 24

1909

J. VAN DEN HEUVEL

Ministre d'État
Professeur à l'Université de Louvain

Réorganisation légale

DU

Culte catholique en France

LA RÉORGANISATION LÉGALE

DU CULTE CATHOLIQUE EN FRANCE.

Aux deux extrémités du xixe siècle, un changement radical s'est opéré en France dans les relations de l'Eglise et de l'Etat. Mais quelle différence dans la pensée qui inspire les deux réformes, dans la méthode qui préside à leur élaboration, dans les caractères qu'elles revêtent et les conséquences qu'elles entraînent !

Le 26 juin 1800, le cardinal Martiniana, évêque de Verceil, écrivait au Pape une lettre soigneusement conservée dans les Archives du Vatican.

« Très Saint Père,

» C'est mon devoir de commencer cette lettre très respectueuse par les plus humbles excuses pour la hardiesse que je suis forcé de montrer en traitant l'affaire, aussi importante que consolante pour l'âme si religieuse et si zélée de Votre Sainteté, que la Providence me confie le redoutable honneur de négocier. Bonaparte, le premier consul de la nation française... passant ici pour se rendre à la surprenante expédition qu'il vient d'accomplir en peu de temps,

avait déjà montré beaucoup de bonté et de déférence pour ma faible personne.
Mais hier, en retournant à Paris et en s'arrêtant pendant quelques heures, il me
prit à part, dans une conférence intime, et me communiqua son ardent désir
d'arranger les choses ecclésiastiques de la France...

Puis se déroule tout le plan de l'arrangement.

» Bonaparte voudrait faire table rase de l'Église gallicane. Les évêques qui
ont émigré, ne peuvent plus convenir à la France... Quant aux intrus, il ne veut
pas en entendre parler. Il lui semble en conséquence qu'il en faut de nouveàux...
choisis par le pouvoir... et canoniquement institués par le Saint-Siège...

» En outre, comme depuis tant d'années de révolution tous les biens que
possédait l'Église gallicane ont été aliénés, comme leur revendication serait
impossible en fait et jetterait la nation entière dans de nouveaux bouleverse-
ments, il croit nécessaire, pour ne pas trop charger la nation elle-même, que le
nombre des évêchés soit diminué le plus possible, et que, jusqu'à ce qu'on
puisse assigner des biens immeubles à chaque évêché, la portion congrue des
évêques soit une pension à payer par les finances nationales...

» Voilà, Très Saint Père, exposée simplement, l'idée générale du premier
consul, en ce qui concerne la réconciliation de la France avec le chef visible de
l'Église universelle... »

Pie VII qui venait d'être élu au Conclave de Venise et qui était
à peine rentré dans ses Etats, se réjouit de l'ouverture qui lui était
faite par Bonaparte et s'empressa de commencer les négociations.
Un an plus tard, le 18 septembre 1801, le Concordat était signé.

Bonaparte était guidé par une double pensée. Il cherchait à
faire œuvre de réorganisation sociale, à relever le culte comme
il relevait l'administration et la justice, l'enseignement et la bienfaisance. Il poursuivait en même temps l'affermissement de son
autorité ; en renouvelant une grande partie du corps épiscopal et
en reprenant, conformément à la tradition, un droit d'intervention
dans la nomination des évêques et dans la discipline ecclésiastique,
il allait s'assurer de nombreux partisans et accroître son influence,

Le nouveau régime du culte catholique, tel qu'il a été constitué par le concordat et les lois qui l'ont accompagné, se résume en quelques traits essentiels :

Reconnaissance du culte et de sa hiérarchie ;

Participation à la nomination des ministres du culte et contrôle de leurs actes ;

Organisation d'un mode spécial de posséder ; rétablissement des menses épiscopales et des fabriques d'église, institutions juridiques qui tiennent plus de la fondation que de l'association, ainsi que l'a si clairement démontré M. SALEILLES, le savant professeur de l'université de Paris ; et subordination de ces menses et de ces fabriques à la surveillance des autorités civiles et ecclésiastiques ;

Enfin, assistance matérielle et financière : mise des églises à la disposition des évêques, subsides pour leur restauration, traitements des ministres des cultes et restitution aux fabriques d'église de leur ancien patrimoine non aliéné.

Malgré ses imperfections et nonobstant les singuliers décrets d'exécution que furent les articles organiques, semés d'empiètements et de retours aux entraves anciennes, le Concordat donna à l'Eglise de France une période de protection et de calme. Mais l'esprit ombrageux de l'administration, sa main lourde et inhabile arrêtèrent l'initiative du clergé et mirent obstacle à son activité sociale.

Vers 1880, commença à se lever en France un vent d'intolérance. La majorité parlementaire déclara la guerre à l'influence religieuse. Successivement, elle supprima la religion du programme obligatoire de l'école, elle retira au clergé l'exemption du service militaire, elle fit une loi contre les congrégations religieuses. La séparation de l'Eglise et de l'Etat est une nouvelle étape de cette lutte. La loi qui la consacre a été annoncée, discutée et publiée en toute hâte. Le 4 septembre 1904, M. Combes disait à Auxerre que l'heure était arrivée de briser avec le système concordataire ; un an plus tard, le 9 décembre 1905, la loi de la séparation était au *Journal officiel.*

Le Concordat terminait une ère d'hostilités, il avait été une législation d'entente. La loi de la séparation fait partie d'un plan de campagne, elle est un acte unilatéral, fait au mépris d'un traité qui n'avait pas été dénoncé. Avant d'y mettre la main, on voulut même rompre avec Rome de manière à couper les ponts derrière soi et à rendre toute négociation impossible.

Le nouveau régime établi en 1905, peut se caractériser en quelques lignes :

La loi ne reconnaît aucun culte ni aucune hiérarchie cultuelle ;

Le Gouvernement n'intervient ni dans les nominations des ministres des cultes, ni dans le contrôle de leurs actes ;

Des associations cultuelles sont substituées aux anciennes fabriques d'église ;

Plus d'assistance matérielle ou financière de la part des pouvoirs publics, mais remise des temples et d'une grande partie du patrimoine des fabriques à la disposition des associations cultuelles.

Le vote de la loi fut une surprise pour un bon nombre de catholiques et de hauts dignitaires du clergé. Ils avaient si souvent entendu parler de projets de séparation restés sans suite, qu'ils se refusaient à croire que les autorités civiles consentiraient à pousser la lutte jusqu'à cette extrémité. C'était une grave erreur.

Le Gouvernement tint la main à ce que la réforme fût rapidement menée et à ce que tout fût terminé avant le commencement de l'année 1906 qui était une année d'élections. Il craignait un mouvement de réaction dans l'opinion. Il usa pour rallier le corps électoral de tous les moyens que le pouvoir mettait dans ses mains et il eut la grande satisfaction de voir ses efforts réussir et sa majorité s'accroître au delà de ses espérances.

Les masses électorales se disaient que l'on continuerait les rites du culte, elles ne voyaient pas au delà, elles restèrent profondément indifférentes aux mesures qui venaient d'être prises.

Depuis lors nous assistons en France à l'action simultanée de deux courants qui agissent parallèlement mais sous des poussées inverses. D'un côté le courant gouvernemental, de l'autre le courant catholique. Le Gouvernement parle de volonté nationale, d'idées modernes, de progrès ; il supprime les fabriques d'église, les menses, les grands séminaires ; il dresse des inventaires et se met en mesure de prendre possession des biens appartenant aux anciennes organisations du culte. D'autre part, les évêques et les catholiques suivant les directions pontificales protestent contre la loi et contre son exécution ; ils se refusent à constituer des associations cultuelles et essaient de placer leur liberté sous des abris de droit commun ; ils s'efforcent de créer les ressources nécessaires à l'exercice de leur religion et à la vie de ses ministres.

Dans son action le Gouvernement n'a qu'un souci : assurer l'avenir de la séparation, la rendre aussi définitive que possible. Les biens qui ont appartenu au culte catholique et les sommes budgétaires qui lui ont jadis été allouées, sont distribués de manière à intéresser au maintien perpétuel de la réforme la généralité des établissements de bienfaisance et des communes.

Les catholiques de leur côté semblent avoir foi dans un avenir meilleur au point de vue législatif ; ils travaillent comme des gens obligés de laisser passer l'orage, mais qui attendent le retour d'un ciel plus serein. Ils savent que de l'animosité des sentiments actuels, ils n'ont rien à attendre de favorable. Ils n'ont pas l'illusion de songer à la résurrection du Concordat impérial, mais ils ne désespèrent pas de la loyauté et de l'équité du législateur de l'avenir ; ils veulent croire à la future réconciliation de l'Etat et de l'Eglise.

Ce n'est pas de l'œuvre de démolition et de confiscation qu'il importe de parler. Ce qui doit principalement nous intéresser, c'est l'œuvre de reconstruction qui appelle en ce moment toutes les énergies et tous les dévouements de l'Eglise de France.

Peut-être est-il hardi, presque présomptueux même de vouloir donner un exposé calme et exact de la situation lorsqu'on est encore dans le trouble et l'agitation des événements et que l'air est chargé de la poussière du combat.

Mais voici que les grandes résolutions sont prises, l'orientation des initiatives prend un caractère nettement arrêté, la silhouette des constructions futures commence à sortir du crépuscule. Pourquoi ne tenterions-nous pas de montrer les efforts qui se font et la direction qu'ils prennent, de préciser les difficultés considérables qui se présentent et de dire comment on espère pouvoir les vaincre ou les tourner au profit de la liberté et de la religion ?

*
*　*

Commençons par dégager le bon grain de l'ivraie.

Le Concordat et les articles organiques avaient ravi à l'Eglise une grande part de sa liberté, ils l'avaient chargée de chaînes. D'après le Concordat, les nominations aux évêchés et aux cures exigeaient l'accord des autorités civiles et ecclésiastiques : le chef de l'Etat faisait les nominations aux évêchés, le Pape donnait l'institution canonique ; les évêques n'avaient le droit de nommer aux cures que des personnes agréées par le Gouvernement. D'après les articles organiques, les actes de Rome ne pouvaient être publiés sans l'autorisation de l'autorité civile ; aucune assemblée délibérante du clergé n'était régulièrement tenue sans une permission expresse ; tous les ecclésiastiques étaient justiciables de la juridiction du Conseil d'Etat en cas d'abus dans l'exercice de leurs fonctions, notamment pour infractions aux canons reçus en France ou aux coutumes de l'Eglise gallicane, ainsi que pour tout procédé de nature à troubler arbitrairement la conscience des citoyens.

Depuis 1830, ces restrictions, absolument injustifiables dans une société qui entend laisser aux cultes leur liberté et leur responsabilité d'action, ont été rayées de notre droit public belge. Le Congrès en a même empêché le rétablissement par un article formel de la Constitution. Jusqu'à nos jours la France avait gardé ces entraves. Leur poids pouvait ne pas paraître trop lourd lorsqu'un esprit d'entente mutuelle facilitait les relations du Gouvernement avec le Saint Siège et les Evêques. Mais on arrivait rapidement aux tracasseries et à des usurpations mesquines ou tyranniques dès que les pouvoirs étaient séparés soit par l'hostilité, soit seulement par la méfiance.

Au milieu de ses embarras l'Eglise de France peut se réjouir de la grande conquête qu'elle vient de faire. Elle est libre dans sa constitution hiérarchique, libre dans son enseignement, libre dans ses réunions et dans son action. En supprimant les avantages du Concordat la nouvelle législation en a aussi supprimé les charges ; elle a abrogé les dispositions d'exécution, les articles organiques.

Désormais les nominations se font par les chefs de l'Eglise ; elles ne sont plus influencées par des gouvernements laïcs livrés aux considérations politiques et électorales. — Désormais les actes de Rome n'ont plus besoin d'une approbation officielle pour pouvoir être lus et commentés devant les fidèles. On ne reverra plus ces poursuites ridicules auxquelles on assista lors de l'apparition du Syllabus. — Désormais le Conseil d'Etat n'a plus à s'immiscer dans la discipline ecclésiastique. — Désormais enfin tous les prêtres de France peuvent librement se réunir dans les endroits, aux époques et pour les objets qui leur paraissent le mieux leur convenir,

C'est là un immense progrès réalisé. Dès les premiers jours on en a vu les résultats.

Tous les évêques de France se sont réunis à trois reprises différentes, le 30 mai 1906, le 4 septembre 1906, et le 15 janvier 1907. Ils voulaient s'unir au Pape dans sa protestation contre la loi de la séparation, faite sans entente préalable avec le Saint-Siège, et contre les spoliations qu'elle consacrait ; ils désiraient délibérer sur l'attitude à prendre et arrêter en commun quelques principes de conduite. De semblables assemblées plénières sont des plus utiles et même nécessaires afin que les efforts ne se contrarient pas, qu'on puisse nouer des liens de solidarité pratique et organiser une assistance mutuelle.

Mais les grandes directions étant prises, les assemblées générales ne seront probablement plus aussi fréquentes. A chaque évêque maintenant à marcher de l'avant d'après son initiative, à chacun d'agir en faisant la part qu'il convient aux coutumes et à la situation sociale de son diocèse.

Une association dont l'assemblée générale se réunit une fois par an et dont l'influence pourra avoir des résultats considérables sur l'avenir du clergé, est celle des grands séminaires. Ses statuts disent :

« ARTICLE 1er. — Une *Alliance* des Grands Séminaires est instituée sous le patronage de saint Charles Borromée et de saint Vincent de Paul, entre les Supérieurs et les Directeurs des établissements destinés à la formation du clergé en France. L'association a son siège à Paris.

» ART. 2. — Le but que se proposent les membres de l'Alliance est de mettre fraternellement en commun leurs prières, leurs réflexions et leur expérience, dans l'examen des questions qui intéressent l'éducation des jeunes clercs, afin d'arriver à une certaine unité de vues et de pratiques, tout en respectant avec une religieuse déférence l'autonomie de chaque Séminaire et la pleine autorité des Évêques.

» ART. 4. — Les conditions d'admission sont :

» *a)* Appartenir à un titre quelconque au personnel dirigeant ou enseignant des Grands Séminaires en France ;

» *b)* Avoir l'autorisation de l'évêque diocésain ;

» *c)* Verser une cotisation annuelle de 5 fr.

» Art. 6. — L'Alliance est administrée par un bureau central. L'élection de tous les membres du bureau est faite par l'assemblée générale, avec une seule voix par séminaire représenté. »

Au second Congrès de l'*Alliance*, 79 diocèses appartenant à 67 diocèses étaient représentés par 221 membres. On discuta les questions qui concernaient la situation juridique des séminaires, l'éducation et la persévérance des jeunes clercs.

L'*Alliance* s'est déjà occupée et devra encore s'occuper à l'avenir de la délicate question du recrutement du clergé.

Il y a des années, en 1878, M. Bougaud jetait un cri d'alarme. Il signalait le *Grand péril de l'Eglise de France* et disait que d'après ses calculs il manquait 2476 prêtres. Mgr Gibier déclare que « d'après les statistiques les plus récentes, il manque actuellement 5109 prêtres et ce chiffre est plutôt optimiste ». Mgr Amette dit de son côté : « Pour une population de près de 4 millions d'habitants, le diocèse de Paris ne compte guère que 200 paroisses ayant à leur service à peine 800 prêtres, soit en moyenne un prêtre pour 4 à 5000 âmes. Dans les paroisses populeuses, chacun d'eux devrait même pourvoir aux besoins de 8 à 10.000 âmes ». Le mal va donc grandissant.

Ses causes sont nombreuses. Il y a l'affaiblissement de la foi chrétienne, vive et ardente autrefois. Il y a l'instituteur posté dans chaque école et dans chaque village comme le concurrent du curé, désireux d'entraîner vers les carrières enseignantes les jeunes intelligences qui promettent. Il y a la disparition des grands collèges religieux qui entretenaient la flamme de l'apostolat. Il y a enfin la modification radicale qui s'est produite dans la situation du ministre du culte, la suppression de la reconnaissance officielle et la suppression du traitement assuré par le trésor public. La carrière exige plus d'énergie et d'abnégation au moment où l'on ne peut plus assurer « qu'elle nourrit son homme ».

Il faudra de grands coups d'aviron pour remonter les courants qui entravent et arrêtent les vocations.

Dans l'intervalle, afin de parer aux maux du présent, on parle dans plusieurs diocèses, tantôt de réunir certaines petites paroisses, tantôt de constituer des groupes de prêtres qui vivraient en commun et desserviraient les églises et les fidèles qui seraient dans le rayon de leur juridiction.

Plusieurs évêques ont établi et favorisent particulièrement l'*OEuvre des vocations sacerdotales*, afin de recueillir des souscriptions et de faciliter la voie aux jeunes gens qui se recommandent par leurs aptitudes.

** * **

Si le législateur français s'était borné à rendre à l'Eglise française sa liberté, à supprimer, ainsi que l'ont fait le Gouvernement provisoire et le Congrès belge, les interventions du pouvoir civil dans le domaine ecclésiastique, sa réforme n'eût suscité aucune protestation de la part des catholiques ; elle eût été envisagée comme un hommage à l'autonomie de l'Eglise, comme un bienfait.

Mais il porta en même temps la main, et d'une façon bien maladroite, sur le patrimoine et sur l'organisation du statut juridique de l'Eglise.

De vieille date les paroisses possèdent en France par l'intermédiaire de leur fabrique d'église. Les lois de l'Empire ont mis cette institution sous une double autorité, sous la tutelle du pouvoir civil et de l'évêque. Il est clair que cet organisme légal ne pouvait plus conserver sa forme primitive sous le régime de la séparation. Du moment où l'Etat renonçait à toute intervention dans les affaires du culte et où il retirait toute assistance financière, il n'avait plus de contrôle à exercer. Sa tutelle cessait d'avoir une raison d'être. La loi sur la séparation entraînait donc nécessairement la modification des lois sur les fabriques d'église. Il fallait libérer ces établissements des lisières administratives et les laisser, conformément aux principes du droit canonique, sous la seule surveillance de l'évêque.

Le changement n'était guère difficile à effectuer et, puisque le législateur civil prétendait légiférer sans aucun accord préalable avec le Saint-Siège, il offrait le grand avantage politique de laisser subsister, en augmentant son indépendance, une institution que l'Eglise avait reçue et acceptée.

Le Gouvernement français préféra suivre une autre route. Dans la loi de 1905 il supprima les fabriques d'église et les remplaça par un régime nouveau, celui des associations cultuelles. Pourquoi, au lieu d'un simple changement, fit-il toute une révolution légale? Peut-être parce qu'il était fasciné par le succès encore récent de la loi sur les associations ; peut-être parce que l'amour-propre le conduisait à désirer de faire table rase de l'ancienne législation sur les cultes et à repousser tout texte faisant allusion à la hiérarchie catholique ; peut-être parce qu'il voulait mettre fin aux réglementations variées qui existaient pour les différents cultes et qu'il croyait faire œuvre pratique en établissant des dispositions uniformes pour tous.

Le nouveau statut légal offert aux cultes était édifié sur un des trois types que peut choisir l'association en France, sur le type intermédiaire, celui de l'association déclarée qui octroie la personnification civile sous la condition d'une déclaration faite à l'autorité publique.

Ce système suscita deux grandes objections.

Il avait d'abord le grave défaut de restreindre considérablement
la capacité dont jouissait l'organisme ancien, représentant la paroisse. La fabrique d'église pouvait acquérir par dons et par legs.
L'association déclarée ne peut recevoir ni dons, ni legs. Pour
amortir le choc des protestations, le Gouvernement consentit à per-
mettre par exception aux associations cultuelles déclarées de recevoir au moins le produit des quêtes et des collectes. — La fabrique
d'église pouvait jadis faire telle réserve qui lui paraissait utile
pour les besoins du culte et les éventualités de l'avenir. Le Gouvernement a eu peur de l'enrichissement de l'association cultuelle
déclarée. Malgré toutes les instances, il a restreint dans d'étroites
limites son droit de constituer une réserve. Celle-ci ne peut, suivant
l'importance des budgets, dépasser soit trois fois, soit au maximum
six fois la moyenne annuelle des sommes dépensées pour les frais
du culte.

Toutes ces dispositions tendent à placer l'association cultuelle
sur un lit de procuste : d'une part on la charge de pourvoir à
plus de dépenses que les fabriques anciennes, et d'autre part on ne
se borne pas à lui refuser des subsides, on diminue même sa capacité légale, son droit de recevoir et son droit d'épargner. On prend
toutes les mesures qui peuvent rendre sa situation financière difficile et même précaire ; sous le prétexte d'une dangereuse main-
morte à éviter, on lui défend d'assurer sa stabilité.

Un second défaut, plus grave encore que le premier, apparaît
dans l'organisation du nouveau système si on l'examine au point de
vue du droit canonique. La fabrique d'église ne livrait pas les biens
aux fabriciens et elle était subordonnée à l'action tutélaire de
l'évêque. L'association cultuelle déclarée forme une société auto-
nome ; elle peut se dissoudre volontairement et décider la dévo-
lution de ses biens conformément à ses statuts ou, à défaut de
dispositions statutaires, selon les règles adoptées par l'assemblée

générale ; elle peut agir comme il plaît à la majorité de ceux qui la composent, elle n'est légalement soumise à aucune tutelle. Sa construction juridique a été échafaudée comme s'il s'agissait d'un groupement privé sans aucun lien avec l'autorité diocésaine.

Dans l'économie de cette législation, les paroisses étaient appelées à devenir autant de petites sociétés indépendantes que rien ne rattachait plus à l'évêque, chef de la hiérarchie et de l'administration du temporel. Que de portes entr'ouvertes aux oppositions personnelles et aux tentatives de schisme !

Déjà au mois de mars 1905 les cardinaux avaient, dans leur protestation, appelé sur cette grave question l'attention des pouvoirs publics. Au cours des discussions de la loi, M. Ribot insista pour obtenir une solution pratique. Le Gouvernement finit par admettre qu'il serait inscrit à l'article 4 de la loi que seules pourraient recevoir les biens des anciennes fabriques : « les associations cultuelles se conformant aux règles d'organisation générale du culte dont elles se proposent d'assurer l'exercice ». Mais quelques jours plus tard, à l'article 8, il parut reprendre ce qu'il avait accordé, en donnant au Conseil d'Etat le droit, en cas de contestation, de décider sur ces règles et sur leur observation.

Le législateur s'obstinait à ne pas mettre les choses au net et à ne pas vouloir parler en clair.

Placés dans cette situation délicate, les évêques se sont demandé si l'on ne pourrait rédiger les statuts des associations cultuelles de manière à assurer leur subordination au pouvoir épiscopal. A leur prière, un groupe de juristes prépara un « Projet d'Association fabricienne » dont chaque article rappelait la nécessité de l'entente avec l'évêque.

« ART. 3. — L'Association a pour but... d'assurer l'exercice du culte catholique en se conformant aux lois de l'Église romaine.

» Elle est soumise à l'autorité du Pape et de l'Évêque de... en communion avec lui...

» Aʀᴛ. 4. — Les membres de l'Association reconnaissent comme obligatoires en dehors des dispositions de la loi du 9 décembre 1905 toutes les règles et presciptions de l'Église, spécialement celles qui concernent l'administration des biens ecclésiastiques. Ils s'engagent à s'y conformer strictement, ainsi qu'à toutes les décisions émanées des autorités ecclésiastiques légitimes...

» Aʀᴛ. 10. — L'Association est administrée par un conseil de cinq membres... Le curé est de droit président du conseil.

» Aʀᴛ. 12. — Les autres membres du conseil sont électifs... Leur nomination n'aura son effet qu'après agrément de l'évêque.

» Aʀᴛ. 23. — Le budget est soumis à l'approbation de l'évêque...

» Aʀᴛ. 29. — Les modifications aux statuts ne peuvent être soumises à l'assemblée générale qu'après approbation de l'évêque. »

Grâce à ces dispositions, tout danger semblait conjuré... mais il restait à voir si l'on pouvait affirmer la légalité de semblables statuts. A mesure que la charte des associations cultuelles se rapprochait du droit canon, ne s'éloignait-elle pas des principes de la législation française ? En vertu de l'article 8 la question devrait être jugée par le Conseil d'Etat, c'est-à-dire par une autorité qui dépend assez étroitement du pouvoir exécutif et dont la jurisprudence n'a ni la stabilité, ni la valeur d'une interprétation légale et authentique. Ne s'y rencontrerait-il pas aujourd'hui ou demain des juristes peu désireux d'une conciliation et tout disposés à soutenir que le caractère essentiel des associations cultuelles déclarées est d'être maîtresses de leurs destinées, d'être soumises exclusivement à la volonté de la majorité des associés, et qu'on les dénature en les transformant en groupes subordonnés à une direction extérieure ?

Dans une première Encyclique du 11 février 1906, le Souverain Pontife avait protesté contre la séparation de l'Etat et de l'Eglise, contre la violation des engagements signés dans la convention concordataire, contre la soustraction à l'Eglise d'un patrimoine qui lui appartenait de vieille date. Quelle attitude allait-il prendre à l'égard des associations cultuelles ? Les uns disaient qu'il se résignerait à accepter leur système, si étriqué qu'il fût, mais en recommandant les multiples précautions dont les évêques avaient signalé la nécessité. Les autres déclaraient qu'accepter un semblable régime, ce serait accepter pour partie la loi elle-même de la séparation et affaiblir les protestations antérieures ; que ce serait rendre définitive la réforme souhaitée par le Gouvernement et s'emprisonner pour toujours dans un régime semé de périls.

Dans sa deuxième Encyclique du 10 août 1906, le Pape écarta « l'essai » des statuts qui avaient été proposés pour rendre « l'association à la fois légale et canonique ». Il rejeta cet essai parce qu'il estimait que l'Eglise n'avait pas suffisamment de garanties, qu'il n'était pas « constaté d'une façon certaine et légale que ses droits seraient irrévocablement en pleine sécurité ».

C'était là, peut-on dire, un dernier appel à un arrangement, une réclamation ultime pour obtenir du législateur quelque assurance de légalité à l'égard des associations cultuelles mises en harmonie avec les règles canoniques.

Le législateur fut surpris par cette attitude. « Tout avait été prévu, a dit M. Clémenceau, sauf ce qui est arrivé. » A la hâte on prépara une loi nouvelle, la loi du 2 janvier 1907. Mais cette loi ne répondait pas à la demande du Pape, elle se bornait à déclarer que si les catholiques n'acceptaient pas l'association cultuelle déclarée, ils pouvaient continuer l'exercice de leur culte tant au moyen des deux formes ordinaires des associations, non déclarées et déclarées, que par la voie de réunions publiques.

Il était évident que si, à moins d'un texte nouveau ou d'une interprétation légale, l'association cultuelle déclarée ne paraissait pas pouvoir, avec une complète certitude, être légalement adaptée à la constitution du culte catholique, l'association ordinaire, déclarée ou non déclarée, ne pourrait pas l'être davantage.

C'est pourquoi l'association déclarée que le cardinal Lecot fonda dans le diocèse de Bordeaux et qui fut maintenue pour des raisons de considération personnelle, resta un exemple isolé, une exception. Elle fut dissoute, d'ailleurs, à la mort du cardinal.

Dans tous les autres diocèses de France, les catholiques ne pouvant trouver dans les diverses formes d'association que la loi met à leur disposition, une forme qui fût de nature à les satisfaire au point de vue de leur culte, ont été obligés de recourir à un système rudimentaire, au régime individualiste. Ce sont les droits personnels de l'évêque et des curés qui sont devenus les supports juridiques de l'organisation religieuse.

Introduit d'abord à Rouen par Mgr Fuzet, le nouveau système fut repris à Paris, et il a fait son tour de France.

L'évêque est administrateur en chef du temporel de son diocèse. Il décide seul. Mais en plusieurs endroits il a près de lui des conseillers diocésains, choisis par lui les uns parmi les ecclésiastiques, les autres parmi les laïcs. Ces conseillers ne sont appelés qu'à donner des avis individuels.

Dans chaque paroisse le curé est assisté de conseillers paroissiaux, nommés par l'évêque et qui, en fait, sont presque partout les membres des anciens conseils de fabrique. Ils ne forment pas un corps, une association ; ils sont indépendants les uns des autres ; ils ne passent aucun acte, ils se bornent à exprimer chacun leur sentiment.

Voici le *Règlement des conseillers paroissiaux de Paris* :

« ARTICLE 1er. — Dans chaque paroisse du diocèse de Paris le curé sera assisté, pour l'administration temporelle de la paroisse, de conseillers désignés par Mgr l'archevêque, sur la présentation de M. le curé.

» ART. 3. — Ces conseillers sont nommés pour une durée de six années.

» ART. 4. — M. le curé demeure seul responsable de tous les actes de l'administration temporelle de la paroisse.

» Les conseillers l'assistent de leurs avis, lui prêtent leur concours et leur appui moral pour tout ce qui intéresse le temporel de la paroisse, mais ils n'encourent pour cela aucune responsabilité légale ou financière.

» ART. 6. — MM. les curés devront réunir leurs conseillers au moins trois fois par an...

» ART. 7. — M. le curé prendra l'avis des conseillers qui sera transmis à l'autorité diocésaine, avec les comptes et budgets, et les pièces justificatives...

» ART. 9. — Les avis émis par MM. les conseillers seront inscrits sur un registre et copie en sera transmise, après chaque séance, à l'archevêché, par les soins de M. le curé. »

Cette organisation présente le mérite de continuer les anciennes traditions. Le curé reste entouré des mêmes conseillers et les affaires paroissiales sont livrées à une certaine publicité.

Mais juridiquement la situation a complètement changé. Il n'y a plus de personne civile qui contracte et possède au nom du culte. C'est le curé dans la paroisse, c'est l'évêque dans le diocèse qui agit, s'engage, détient en nom personnel.

Les inconvénients de pareil système sautent aux yeux. L'administration du temporel se centralise plus complètement entre les mains de l'évêque ; le curé qui est seul responsable dans la paroisse, voit son rôle s'alourdir ; en cas de défection et en cas de décès, des embarras divers peuvent se présenter. Les fondations de messes n'ont plus de garanties légales.

Voilà une situation qui est loin d'être satisfaisante.

En Belgique, les diocèses n'ont pas non plus de personnalité civile et le patrimoine de l'évêché repose aussi forcément sur la tête de l'évêque. Mais nos évêchés n'ont pas la charge financière qui incombe aux évêchés français ; ils ne constituent pas le trésor unique de tout le diocèse. Chaque paroisse a son patrimoine, son trésorier, sa personnalité reconnue. On ne se heurte pas aux difficultés qui surgissent en France dès qu'il s'agit de construire une nouvelle église, d'acheter du mobilier, de faire des emprunts à longue échéance, d'instituer des fondations.

*
* *

Qu'allaient devenir après le vote de la séparation les édifices affectés soit à l'exercice du culte, soit au logement de ses ministres ?

La plupart dataient d'avant la Révolution française ; ils avaient été construits principalement au moyen des dons et des souscriptions des particuliers. Si la nation les avait réunis en 1789 à son patrimoine, c'est qu'elle considérait le culte comme un service public dont elle avait la charge. D'après le Conseil d'Etat, le Concordat et les dispositions ultérieures n'en remirent que la jouissance aux évêques ; la propriété en demeura à l'Etat, aux départements et aux communes.

Il eût été équitable, dès que l'Etat déclarait vouloir se désintéresser du culte, d'abandonner soit leur propriété soit tout au moins leur jouissance.

Le législateur de 1905 fit une distinction entre les églises et les autres édifices.

Les églises furent mises à la disposition des associations cultuelles, à la condition de supporter la dépense des réparations de toute nature ainsi que les frais d'assurance et les autres charges afférentes aux édifices et aux meubles les garnissant. C'était un fardeau plus lourd que celui qui avait pesé sur les anciennes fabriques d'église, car, sauf pour les monuments et les objets classés au point de vue de l'histoire ou de l'art, aucune aide ni aucun subside ne devaient plus être attendus des pouvoirs publics.

Quand les catholiques eurent renoncé aux associations cultuelles, le Gouvernement se vit obligé de prendre une disposition nouvelle

pour prévenir l'émotion publique qu'aurait fait naître la crainte de
la fermeture des églises.

La loi du 2 janvier 1907 porte :

« ART. 5. — A défaut d'associations cultuelles, les édifices affectés à l'exercice
du culte ainsi que les meubles les garnissant, continueront, sauf désaffectation
dans les cas prévus par la loi du 9 décembre 1905, à être laissés à la disposition
des fidèles et des ministres du culte pour la pratique de leur religion. »

Il y avait là, disait le Gouvernement dans la discussion, la reconnaissance d'une servitude d'affectation au culte.

Mais la portée de cette servitude n'était pas très exactement
déterminée dans la loi. On avait prévu deux situations, celle d'un
accord administratif et celle de l'absence de tout accord. La première
alternative était seule réglée expressément ; il était dit, au 3e alinéa
de l'article 5, que les contrats administratifs seraient passés avec
le préfet pour les églises propriétés nationales, et avec le maire
pour les églises propriétés communales. La deuxième alternative
n'avait fait l'objet que de déclarations dans les travaux prépara-
toires ; il avait été reconnu que la servitude d'affectation continuerait à subsister même s'il n'existait aucun contrat.

Tout d'abord on conçut le projet asssez téméraire de faire des
accords administratifs isolés pour les diverses églises. Quelles
longues et pénibles négociations eussent été nécessaires, s'il eût
fallu parlementer avec les chefs des 36.000 communes, cherchant
chacun à faire prévaloir une formule et des conditions différentes !
On se serait heurté à de nombreux conflits. Pour obvier à ces
dangers les évêques se mirent d'accord sur la nécessité d'une formule unique et, par l'intermédiaire de l'archevêque de Paris, ils
commencèrent un échange de vues avec le Gouvernement. Le projet
qu'ils avaient adopté, mettait en relief l'autorité épiscopale.

« Entre M. X., maire de... et M. l'abbé Z., curé de..., agissant en cette qualité, en vertu des pouvoirs qui lui ont été conférés par Mgr..., évêque de..., avec son autorisation expresse,

» Il a été convenu ce qui suit :

» A partir de ce jour, et pour une durée de dix-huit ans, M. l'abbé Z. a la jouissance gratuite de l'église de... et de tous les objets la garnissant, sous la réserve des obligations énoncées par l'art, 13 de la loi du 9 décembre 1905.

» Au cas où M. l'abbé Z. ne serait plus curé de... soit par suite de son décès, soit parce qu'il changerait de résidence, soit parce que ses pouvoirs lui seraient retirés par l'autorité diocésaine, la présente jouissance sera acquise de plein droit à son successeur nommé par l'évêque diocésain, sur justification de ses pouvoirs, auquel successeur M. l'abbé Z. la cède et la délègue d'une manière définitive...

» M. l'abbé Z. aura la police de l'église : M. le maire ne pourra intervenir que dans les circonstances graves où ses fonctions l'appelleraient, en vertu des lois, à rétablir l'ordre troublé. »

La discussion engagée sur cette formule ne put aboutir. On abandonna alors nécessairement la première alternative prévue, celle d'une possession réglée, avec conditions nettement fixées par des engagements réciproques. On fut rejeté dans la seconde, celle d'une possession imprécise faute de contrat.

Il serait inexact de dire que le curé et ses paroissiens sont sans titre juridique lorsqu'ils occupent l'église. Leur titre est dans la loi qui affecte l'édifice à la continuation de leurs pratiques religieuses. Mais en l'absence d'un règlement conventionnel, ce titre ne peut être interprété que d'après les principes du droit commun et de l'équité, c'est-à-dire qu'il reste dans un vague prêtant à de multiples discussions.

C'est ainsi que certains préfets ont prétendu qu'en dehors des heures d'exercice du culte, la municipalité a le droit d'utiliser les bancs et les chaises comme bon lui semble. M. Briand a repoussé cette manière de voir, mais en faisant une distinction assez peu rassurante.

« C'est d'une manière continue, a-t-il dit, et non seulement aux heures d'exercice du culte public, que les bancs et chaises, *comme les églises elles-mêmes*, doivent être laissés à la disposition des fidèles. »

Toutefois, après l'affirmation du principe est apparue une dérogation assez équivoque.

« La commune peut cependant dans un but général et à titre exceptionnel disposer momentanément des chaises de l'église, pourvu que la pratique régulière et normale du culte, collectif ou individuel, n'en soit pas troublée. »

Si l'on admet aujourd'hui une exception pour les meubles, n'étendra-t-on pas demain cette exception à l'édifice ?

Autre question et dont l'actualité exige une solution à bref délai. Qui devra supporter les frais de réparation des églises ? Les lois prescrivent aux communes l'obligation d'intervenir lorsqu'il s'agit de mesures commandées soit par la sécurité publique, soit par la conservation d'objets ou de monuments classés. Hors ces cas, aucune règle n'est et ne peut être actuellement formulée. Les fidèles disent qu'ils ne peuvent être tenus de payer quand aucune stabilité de jouissance ne leur est garantie ; les communes de leur côté déclarent qu'elles ne peuvent être contraintes de subsidier indirectement le culte.

L'an dernier, le Gouvernement avait proposé l'insertion dans la loi de finances, à titre d'article additionnel, d'une disposition qui affectait une partie des sommes provenant de l'ancien budget des cultes, à des subventions pour travaux à effectuer dans les édifices communaux, mairies, églises.

« En ce qui concerne les édifices communaux affectés au culte, disait l'article, les subventions ne seront allouées qu'après avis du ministère des cultes pour les travaux exécutés dans l'intérêt de la sécurité publique ou de la conservation des édifices et *sur le vu d'offres de concours des intéressés.* »

Les subsides étaient donc subordonnés à la condition que les fidèles et les ministres des cultes participeraient à la dépense sous forme d'offres de concours ou de souscriptions.

L'article additionnel a été disjoint par la Chambre et sa discussion ajournée.

Les catholiques demeurent, par conséquent, pour la jouissance de leurs temples dans une situation mal définie et complètement livrés au bon vouloir des autorités communales.

Les cultes ont besoin d'édifices, non seulement pour leurs pratiques religieuses, mais aussi pour le logement de leurs ministres, pour celui des évêques et de leur administration, pour la formation des jeunes lévites.

La nouvelle législation supprime — mais sous le bénéfice de quelques dispositions transitoires pour les associations cultuelles — tout droit de jouissance sur les presbytères, les évêchés et les séminaires. C'est l'exécution complète de la confiscation qu'avait décrétée la révolution et qu'avait arrêtée à mi-chemin la pensée conciliatrice du Concordat.

Partout les curés se sont trouvés obligés de se préoccuper du toit sous lequel ils pourraient se réfugier. Dans quelques endroits les immeubles qui avaient été donnés sous la condition d'une affectation perpétuelle, ont pu être réclamés par les donateurs ou leurs héritiers et remis ensuite par ceux-ci à la disposition de l'autorité ecclésiastique. Ailleurs les curés ont loué des locaux particuliers ou ont été admis par la générosité des propriétaires à une occupation gratuite. Mais en général ils ont cherché à demeurer dans leurs anciens presbytères et à en obtenir la location des communes

en vertu de contrats approuvés par l'administration préfectorale.
Le plus souvent leur demande a été accueillie et les loyers ont été
fixés à un chiffre assez peu élevé. La durée des baux est variable ;
elle excède rarement neuf années.

Les évêchés et les séminaires ont dû être abandonnés, sauf dans
certaines localités où ils ont pu être rachetés par des particuliers
qui ont bien voulu ensuite soit les louer aux évêques, soit les mettre
à leur disposition.

Quelle énorme perturbation dans l'atmosphère sereine où vivaient
l'Eglise de France et ses ministres ! Dans tous les diocèses c'est
l'administration centrale, c'est son chef en quête d'un nouvel hôtel.
Dans toutes les paroisses c'est le curé discutant avec le maire les
conditions auxquelles il pourra conserver son habitation.

Pour les séminaires qui exigent de vastes locaux, on s'est juste-
ment demandé quel serait le mode de posséder de nature à garantir
le plus efficacement la stabilité de leur jouissance. Qui dans les
locations ou les acquisitions pourrait le mieux représenter les
intérêts de l'établissement ? Convenait-il de s'adresser à des indi-
vidualités ou à des associations ? Dans un très beau rapport fait
au Congrès des grands séminaires, l'éminent jurisconsulte qu'est
M. Taudière mit en garde les congressistes contre le danger qu'offre
aujourd'hui l'association.

« Actuellement, a-t-il dit, la propriété collective, surtout réalisée dans un but
religieux, semble ne pas être entourée de beaucoup de respect, ne pas présenter
de grandes garanties, et il ne faut pas oublier qu'en cas de dissolution, le décret
de 1901 interdit aux anciens associés le droit de reprendre quoi que ce soit du
patrimoine de l'association en dehors de leurs apports. »

Après avoir longuement discuté, le Congrès a reconnu que les
deux solutions, celle qui mettait la propriété sur la tête d'individua-
lités et celle qui la confiait à des collectivités ou à des associations,

étaient actuellement l'une et l'autre très onéreuses et très dange-
reuses, mais qu'il paraissait y avoir tout à la fois moins de charges
et moins de périls dans la propriété individuelle.

Voilà un ensemble de difficultés légales que rencontrent les
catholiques de France dans l'édification du nouveau régime du
culte, difficultés qu'une législation sagement conçue et respectueuse
des droits des citoyens aurait dû écarter du chemin, difficultés qui
irritent d'autant plus qu'au lendemain des confiscations de l'Etat
elles font toujours craindre un péril dans n'importe quelle solution
nouvelle, difficultés qui entretiennent un grand malaise et arrêtent
les bonnes volontés.

* * *

Outre les embarras légaux auxquels donne lieu le régime adopté
pour la séparation de l'Eglise et de l'Etat, il y a les embarras finan-
ciers et ceux-ci ne sont pas moindres.

Disons, comme point de départ, que le fardeau des dépenses
a été augmenté et que les ressources anciennes ont été diminuées.

Trois catégories de dépenses ont été mises à la charge exclusive
des fidèles. Ce sont : la construction des églises, sans parler des
frais d'entretien et de réparation puisqu'il y a discussion à cet
égard, — le logement des curés, des évêques et des séminaires, —
et enfin les traitements des ministres des cultes.

Les crédits budgétaires affectés à la rémunération des ministres
des cultes formaient un total assez élevé. 41.724 prêtres émar-
geaient au budget de 1905. Leurs traitements représentaient une
somme de 36 millions, dont 4.321.000 fr. pour les 3.450 curés et
30 millions pour les 31.000 desservants et les 7.000 vicaires.

La loi sur la séparation a supprimé les traitements des membres
du clergé, déniant ainsi — contrairement à la vérité historique —
tout caractère d'indemnité aux traitements payés. Mais elle a prévu

une situation transitoire. Elle accorde des pensions viagères, équi-
valentes aux 3/4 ou à la 1/2 du traitement, aux prêtres âgés de plus
de 45 ans et comptant au moins 20 ans de service : ces bénéficiaires
forment à peu près le tiers du clergé. Elle accorde aux autres prêtres
une allocation d'un taux dégressif pendant quatre ou huit années
selon l'importance des communes.La dépense des traitements est,par
conséquent, une dépense qui va croissant chaque année, qui sera
considérablement majorée après quatre ans et après huit ans, soit
en 1910 et en 1914, et qui atteindra à peu près son maximum dans
vingt-cinq ans, soit en 1930.

D'autre part, une source de revenus très importante a été sup-
primée. La loi a enlevé aux fabriques leur ancien patrimoine, com-
posé de biens acquis grâce aux libéralités des fidèles. N'ayant pu
être remis à des cultuelles, les biens ont été transmis à l'Etat et
aux établissements communaux d'assistance et de bienfaisance.

Comment faire face au fardeau financier aussi considérablement
alourdi par l'augmentation des obligations et par la diminution des
recettes ?

La tâche présente une grande complexité. Il faut tenir compte
des habitudes traditionnelles. Le Français n'a pas été accoutumé à
payer directement son culte ; il a envisagé celui-ci comme un service
public, soutenu principalement par les impôts généraux. Il admettait
que sa gratuité ne fût pas complète, qu'on s'adressât à lui pour
une part des frais nécessaires ou pour rehausser la splendeur d'une
cérémonie. Mais devoir, sans qu'il y ait la moindre diminution
d'impôts, assumer toute la charge du culte, c'est une perspective
qui ne lui sourit guère, d'autant plus que la contribution nouvelle
s'annonce comme perpétuelle.

Les conditions locales sont aussi bien diverses. Telle paroisse est
populeuse et composée de familles aisées. Telle autre n'est qu'une
bourgade perdue dans de pauvres landes, ou accolée aux flancs

arides d'une montagne, ou habitée soit par des masses ouvrières travaillant dans la cité voisine, soit par de malheureux pêcheurs exposant chaque jour leur vie pour un gain aléatoire.

Enfin de graves écueils sont à éviter.

Il faut se garder de subordonner d'une manière directe ou indirecte la participation des sacrements au paiement d'une contribution. Dans quelques diocèses on a été un instant tenté d'oublier cette maxime esséntielle. Mais le Souverain Pontife a rappelé immédiatement les pensées élevées qui devaient présider à la ligne de conduite.

Il est aussi nécessaire de conserver intactes l'indépendance et la dignité du prêtre, de ne pas paraître substituer à l'influence du pouvoir civil l'influence de certaines familles opulentes. On a si souvent dit que le curé, par suite des droits du Gouvernement dans sa nomination et des pouvoirs qu'il s'arrogeait dans le paiement des traitements, était un fonctionnaire dépendant de l'autorité centrale, géné dans sa parole et dans son ministère. On devait ne pas s'exposer à entendre demain le peuple suspecter ses pasteurs de vivre aux dépens des châtelains et de soutenir leur cause par une sympathie que favoriserait l'intérêt.

La solution du problème exigeait donc la plus grande prudence. Aussi les évêques ont décidé qu'il convenait d'agir avec de nombreuses précautions. Ils ont pris le parti de conserver l'ancienne organisation et de se borner à la compléter par la création d'une source nouvelle de recettes.

Les dispositions qui réglaient antérieurement les avantages que le culte retirait des quêtes, du casuel, des chaises sont restées en vigueur presque partout sans modification importante.

A Paris, on a voulu répondre à la loi sur la séparation par un geste de générosité. On a déclaré que l'on ne recevrait plus rien des fidèles à l'occasion de l'usage des chaises. On a voulu même réduire à une simplicité excessive les cérémonies des mariages et des convois funèbres. Mais les curés ont signalé aussitôt l'apparition du déficit, il a fallu revenir sur ses pas et relever les tarifs qu'on venait d'abaisser.

Une discussion surgit à l'horizon. Le préfet de Meurthe-et-Sarthe vient de faire afficher à la porte des églises une circulaire dans laquelle il conteste au clergé le droit de percevoir une rétribution quelconque à l'occasion de l'usage des bancs et des chaises.

« Les ministres du culte, dit le préfet, ne sont plus aujourd'hui que des occupants de l'église sans titre privatif et par suite ils ne possèdent aucun titre juridique leur permettant de recevoir une rétribution quelconque à raison de l'usage des églises ou des objets qui y sont contenus ; ils ont seulement la faculté de recueillir des offrandes à l'occasion des actes de leur ministère. »

On ne sait encore si la circulaire du préfet est un acte d'initiative individuelle qui restera isolé ou si elle annonce un règlement gouvernemental. Quoi qu'il en soit, les jurisconsultes catholiques repoussent l'interprétation du préfet de Meurthe-et-Sarthe, mais pour des motifs fort divers. Tous sont d'accord pour dire que les sommes perçues ne représentent pas un prix de location. Mais les uns croient que si l'usage des chaises doit être gratuit, on peut cependant demander à ceux qui les emploient de faire une offrande volontaire pour les besoins généraux du culte. Les autres estiment que très légitimement on peut même à l'occasion de l'usage des chaises percevoir une contribution au profit de la caisse de la communauté et en vue de l'ensemble des services religieux.

La source nouvelle de recettes qui a été créée par les évêques est celle du « denier du culte ». Ce denier apparaît tout à la fois comme une offrande et comme une imposition. Il est une offrande en ce sens que son refus n'entraîne aucune sanction spirituelle. Il est une

imposition en ce sens que son paiement est exigé par un devoir de
conscience.

« Vous le savez, disait Mgr Fuzet dans son appel de fonds pour l'année 1908,
nous ne vous demandons que le strict nécessaire, et c'est à votre charité seule
que nous nous adressons... Cependant si nous ne nous adressons qu'à votre
charité, si nous n'employons d'autre voie que la persuasion, nous devons néan-
moins vous inculquer à tous la grave obligation de conscience où vous êtes de
contribuer dars la mesure de vos ressources à l'entretien du culte et de ses
ministres. — Cette obligation vous la reconnaissez tous. Aussi pouvons-nous
vous redire que dans ce vaste diocèse il ne se trouvera pas un catholique, il ne
se trouvera pas un homme de cœur vraiment libéral, même parmi ceux qui ne
pratiquent pas leur religion, qui ne veuille assurer la continuation du culte,
en assurant la subsistance du clergé. »

Chaque évêque dresse son budget diocésain et, d'après l'étendue
de ses dépenses, détermine la quotité que doivent atteindre ses
recettes. La source la plus importante de ses rentrées étant le
denier du culte, il arrête le chiffre global que doit rapporter celui-ci.
Il subdivise ensuite la somme entre les diverses paroisses du diocèse,
en tenant compte du nombre et de l'aisance présumée des paroissiens. Le tableau fiscal de répartition est ordinairement publié.

Les curés sont chargés de recueillir, eux-mêmes mais en se pré-
sentant au nom de l'évêque, les sommes auxquelles sont taxées leurs
paroisses. Ils s'acquittent de leur mission lors des visites qu'ils
sont tenus de faire, une ou deux fois par an, à leurs paroissiens.

A Paris, où les paroisses sont considérables et où le ministère est
absorbant, le clergé se borne à des appels faits du haut de la chaire
et à des lettres individuelles. Dans la paroisse de Saint-Sulpice, par
exemple, les donateurs sont priés de verser leurs offrandes à la
sacristie entre les mains du prêtre trésorier qui leur remet une
feuille imprimée, portant un numéro d'ordre et exprimant les
remerciements du curé. L'avis adressé aux fidèles porte :

« Les versements faits chaque année n'engagent nullement pour les années suivantes.

» Chaque fidèle est libre de donner chaque année ce qu'il croit en conscience devoir verser pour le culte selon l'étendue de ses ressources personnelles.

» Les personnes dont les ressources sont très restreintes, pourraient se contenter de donner 2 fr. 50 par an — un sou par semaine. Ces oboles modestes, en se multipliant beaucoup, nous seront d'un grand secours. »

Partout il est tenu note des souscriptions, mais partout on a prévenu qu'il ne serait donné aucune publicité, en chaire ou autrement, aux noms des souscripteurs.

Dans certaines paroisses les recettes ont été abondantes ; dans beaucoup de petites paroisses de la campagne ou des faubourgs elles ont été, comme il fallait s'y attendre, extrêmement modestes. A Paris, les 39.000 habitants de la paroisse de Saint-Sulpice ont été cotisés pour une somme annuelle de 100.000 fr. La somme a été réunie pour 1907 par les souscriptions de 2000 paroissiens appartenant à toutes les classes de la société et qui ont rivalisé entre eux de générosité. Mais le clergé a redoublé ses instances pendant l'année 1908. Il a fait remarquer, d'une part, que le chiffre imposé est un minimum et d'autre part, que dans une paroisse de 39.000 âmes il n'y a aucune exagération à estimer, non pas à 2.000, mais à 4.000 au moins le nombre des personnes qui pourraient facilement répondre à l'appel de l'Eglise.

Dans quelques années seulement on pourra fixer la quotité normale de recettes qu'un clergé actif peut, dans chaque diocèse, retirer, au profit du denier du culte, des paroissiens conscients de leurs devoirs.

A Paris les curés retiennent pour les besoins de leurs paroisses la moitié des sommes recueillies ; ils font parvenir l'autre moitié à l'archevêché.

Ailleurs les recettes totales sont envoyées par les curés à l'évêque du diocèse qui est tout à la fois le ministre des finances et le grand trésorier. Celui-ci les ajoute dans la caisse diocésaine du culte aux revenus de cette caisse et aux fonds qu'il a pu obtenir par des dons ou par des rétributions directes. L'ensemble des recettes est annuellement divisé en cinq parts. Une part est employée aux dépenses de l'évêché et des séminaires. Une autre est affectée à fournir dans chaque paroisse ce qui est nécessaire aux traitements du curé et des vicaires ainsi qu'aux dépenses du culte. Une troisième procure des secours aux prêtres âgés, infirmes ou malades. Une quatrième est remise à la caisse interdiocésaine. Et éventuellement une cinquième est destinée à la constitution de la réserve qui doit pourvoir à l'avenir et aux événements imprévus.

La caisse interdiocésaine forme, pour ainsi dire, une caisse d'assurance et d'assistance au profit des divers diocèses. Elle est dirigée par une commission d'évêques.

Grâce à cette combinaison, la paroisse est tributaire de l'évêché et le curé reçoit son traitement des mains de l'évêque. Dans ses rapports avec ses paroissiens le curé ne demande rien en nom personnel, il agit pour le culte et pour le diocèse. Il conserve sa liberté et son prestige.

Grâce encore à cette combinaison, s'est trouvée réalisée la solidarité chrétienne. Les paroisses riches compensent par leur apport l'insuffisance de l'apport des paroisses pauvres. Les diocèses riches viennent au secours des diocèses moins fortunés.

On n'est pas encore d'accord sur les dispositions qui pourront le mieux assurer le contrôle public de la gestion financière. Suivant les régions on suit des pratiques différentes. En général, les budgets et les comptes des paroisses n'ont qu'une publicité fort restreinte, celle qui résulte de leur communication aux conseillers paroissiaux. On ne va pas plus loin aujourd'hui, parce qu'on est dans une situation transitoire et qu'on craint toujours des difficultés administratives.

* * *

Dans son beau livre sur l'*Apostolat opportun* qui est tout pénétré d'ardeur et de confiance, Mgr GIBIER, l'infatigable évêque de Versailles, a écrit de chaleureuses pages sur les devoirs de l'heure présente en France :

« La grande question à l'heure actuelle, dit-il, n'est pas la question du denier du culte, mais la question du retour du peuple à la foi chrétienne. »

Ailleurs il signale l'ingratitude de la tâche nouvelle :

« La sanctification du peuple chrétien est une œuvre qui aujourd'hui devient plus que jamais difficile. Dans les âges de foi ou dans les pays très religieux, les âmes venaient chercher les dons de Dieu et les prêtres n'avaient qu'à se prêter aux besoins du troupeau. Dans nos temps d'indifférence ou d'apostasie, le clergé ne peut plus se contenter de ce rôle négatif et purement passif : la collectivité paroissiale n'existe plus ; il doit la reconstituer en agissant sur des catégories de personnes et presque sur chaque âme en particulier. Autrefois on pouvait administrer et sanctifier les paroisses en bloc ; aujourd'hui il faut les convertir et les christianiser en détail, âme par âme, unité par unité. »

Et il préconise la fondation d'œuvres scolaires, sociales et religieuses. Nombreux sont les évêques de France qui suivent la même voie. Le diocèse de Paris a, peut-être, l'organisation générale la plus intéressante.

Au centre du diocèse a été créé un comité diocésain qui se trouve sous la présidence de l'archevêque et qui comprend deux membres de l'administration ecclésiastique diocésaine, quinze personnalités du clergé et quinze personnalités laïques choisies parmi les catholiques représentant des types d'œuvres. J'y vois les noms de MM. Cochin, président du Comité des Ecoles libres, Féron-Vrau,

directeur de la maison de la Bonne Presse, Fliche, président des
Conférences de Saint-Vincent-de-Paul, Lefébure, président de l'Office
central des œuvres de bienfaisance, Terrat, doyen de la Faculté de
droit, etc.

Le comité est divisé en cinq commissions : œuvres de religion et
de piété ; — œuvres d'enseignement et d'éducation ; — œuvres de
persévérance et de patronage ; — œuvres charitables et sociales ; —
œuvres de presse et de propagande.

Le but du comité est de promouvoir et d'unir sous l'autorité de
l'archevêque les œuvres du diocèse. Il s'efforce d'établir des comités
particuliers dans chaque paroisse.

Le règlement du comité paroissial de Saint-Sulpice porte :

« ARTICLE 1er. — Il est formé dans la paroisse de Saint-Sulpice un comité de
catholiques, en vue de soutenir et de promouvoir, sous l'autorité et la direction
de Mgr l'archevêque et de M. le curé, toutes les œuvres utiles au bien religieux,
moral, social et matériel de la paroisse.

» Ce comité ne s'occupe pas de l'organisation et de l'exercice du culte.

» Il reste étranger à toute action politique.

» ART. 2. — Le comité est administré par un bureau dont M. le curé est président de droit...

» ART. 3. — Le comité se compose d'un nombre restreint de membres, tous
catholiques convaincus, pratiquants et résolus à seconder, dans la mesure de
leurs moyens, l'action du pasteur dans la paroisse. »

Le comité paroissial se partage en sections correspondantes aux
grandes divisions du comité diocésain.

Il se fait ainsi, dans diverses régions de la France, un mouvement très vif en vue de la formation d'œuvres sociales. C'est le laïc
catholique qui va prendre possession de l'âme populaire, c'est
le curé qui va entrer en contact plus direct et plus intime avec ses
paroissiens.

Plusieurs comités d'œuvres publient des Bulletins paroissiaux, véritables tracts de propagande pour les idées chrétiennes. Le diocèse de Paris en compte 75.

Dans certains endroits on prend l'habitude de réunir des Congrès diocésains ; les évêques les président; laïcs et ecclésiastiques s'y rencontrent ; on y enflamme le zèle des tièdes, on y expose la marche des œuvres, on y parle des expériences voisines et on s'associe dans une ardente vaillance. Le IVe Congrès diocésain de Paris a été tenu du 1er au 3 juin 1908.

« Entre les ruines énormes, douloureuses et navrantes, c'est, comme on l'a dit, toute une végétation de pousses nouvelles qui promettent plus tard des fruits précieux. »

Souhaitons au beau zèle qui s'allume ainsi dans beaucoup de provinces et fait germer ces pousses superbes, de ne pas se ralentir. Qu'il progresse, qu'il gagne les couches de la jeunesse, qu'il ne s'égare pas au point de vue social dans un appel exagéré à l'intervention de l'Etat, et qu'il s'oriente au point de vue religieux vers des solutions pratiques qui puissent gagner et retenir l'esprit des masses !

⁎

Bien grandes et bien pénibles sont les difficultés de tous genres en face desquelles se trouvent les catholiques français. C'est une grosse tourmente, pareille à un tourbillon de neige qui tout à coup vous saisit à la montée d'une âpre ascension, vous enveloppe et vous aveugle. Au premier instant clergé et fidèles ont été surpris ; ils ne croyaient pas que l'heure du danger fût déjà venue ; ils n'avaient rien prévu, rien préparé. Quelques-uns ont nourri, jusqu'au dernier instant, l'illusion de voir l'opinion s'émouvoir et réagir aux élections. Aujourd'hui les événements doivent avoir ouvert tous les yeux. L'action gouvernementale a libre carrière dans son hostilité ; les groupes électoraux qui vont aux urnes, n'ont pas été remués. C'est dans ces conditions qu'il s'agit de marcher de l'avant. Il faut ne pas regarder trop souvent derrière soi, ne compter que sur ses seules forces et avoir foi dans le succès.

La période actuelle est encore une période d'observation et de préparation. Il importe de savoir quel est le droit sous lequel on se trouve, quelles sont les solutions les plus avantageuses qu'il offre pour l'organisation du culte. On tâtonne, on discute, on essaie. Il importe aussi de connaître plus exactement l'état d'âme des populations. Le clergé n'a pas eu suffisamment de contact avec le peuple ; il va faire nettement le départ entre les fidèles qui pratiquent, les indifférents qui sont prêts à tout délaisser, même les derniers rites religieux qu'ils observaient, et les esprits définitivement perdus et ennemis. Enfin il importe d'éprouver les croyants eux-mêmes, de mesurer leur initiative, leur force de résistance et de s'assurer de la persévérance de leur générosité. Autant de coups de sonde qui se donnent en ce moment.

Il y aura de graves mécomptes, il n'en faut pas douter. La passe est extrêmement périlleuse et étroite. Les Français n'ont pas été élevés dans la tradition des libertés pratiques, dans l'esprit de *self-government*. Les catholiques ont tout à coup été mis en demeure de mener deux grandes luttes, l'une pour l'enseignement et l'autre pour le culte ; ils ont perdu l'aide des congrégations religieuses et ils doivent assumer une double charge financière. Leurs troupes sont affaiblies par des divisions intestines ; si pressantes qu'aient été les exhortations de Léon XIII, un grand nombre ont persévéré dans leur opposition fondamentale à la forme du gouvernement sans parvenir cependant à s'entendre sur un programme. Enfin dans le clergé même se sont dessinées des tendances alarmantes ; quelques écrits ont permis aux adversaires de jeter une note pleine d'exagération et de proclamer l'ouverture d'une crise intellectuelle.

Mais les faiblesses que révèle l'heure présente ne doivent pas
ébranler notre confiance dans l'avenir. L'Eglise de France a conquis
la faculté de s'organiser et d'agir librement ; elle va se réveiller de
l'inaction dans laquelle l'avait plongée le Concordat. Les catholiques
ont déjà donné une superbe preuve d'unité et de solidarité ;
unanime, le clergé a suivi les instructions pontificales, il a par
son attitude attesté la fin et la mort du gallicanisme ; unanimes
aussi, les fidèles que l'on a voulu tenter de ci de là de pousser à la
défection et au schisme : par leur dédain ils ont montré qu'ils
voyaient clairement que la grande bataille était entre le christianisme
et la négation de tout dogme révélé. La discipline toutefois ne suffit
pas pour obtenir la victoire, il y faut joindre l'action énergique des
individus et des masses, l'action éclairée des chefs, l'action vaillante
qui va à la conquête des esprits et des cœurs.

L'impulsion a été donnée dans tous les diocèses : partout c'est
l'appel aux vocations ecclésiastiques, partout c'est le prêtre rendu
par le péril plus attentif à ses devoirs, plus soucieux d'entrer en
communion avec ses paroissiens, partout ce sont des œuvres qui
s'édifient et groupent les hommes zélés et généreux. Ministres des
cultes et laïcs comprendront de jour en jour davantage que, si
grandes que furent les spoliations, c'est moins le désastre matériel
qui est inquiétant aujourd'hui que le recul du christianisme dans
l'esprit et dans la vie privée des citoyens ; ils comprendront qu'il
faut sortir au plus tôt d'une passivité peu prévoyante ; ils comprendront qu'il est essentiel d'aller, dans un esprit confiant et d'un
pas ferme, vers la création d'un régime nouveau.

M. d'Haussonville, répondant au cardinal Mathieu, lors de sa
réception à l'Académie, a dit :

« Laissez-moi caresser le rêve d'une Église de France qui ne demanderait
rien à l'État et tirerait ses ressources des seuls catholiques, où les pasteurs

Louvain. — Imprimerie de la *Revue catholique de Droit*,
rue de Tirlemont, 130-140. — J. CLAES, dir.

* 9 7 8 2 0 1 2 8 3 7 6 3 8 *